D1856771

Polizei

© Tomus Verlag GmbH, München 1994
Alle Rechte der Verbreitung, auch durch Fernsehen, Funk, Film, fotomechanische Wiedergabe, Bild- und Tonträger jeder Art, sowie auszugsweiser Nachdruck vorbehalten.
Satz: ConceptSatz GmbH, München
Druck und Bindung:
Schauenburg Graphische Betriebe GmbH, Schwanau
2 3 4 5 98 97 96 95 94
Auflage Jahr
(jeweils erste und letzte Zahl maßgeblich)
ISBN 3-8231-1009-1009-8

Polizei

Ein fröhliches Wörterbuch für die Mitglieder des öffentlichen Dienstes, die rund um die Uhr für uns alle da sind, deren oft geplagte Angehörige, Freunde und Helfer.

Von Rainer Wendt
mit Zeichnungen von Heinz Wildi

TOMUS

A

Ablösung	Polizeifreie Zeit zwischen Früh- und Spätschicht, die natürlich streng geheim bleiben muß. Die einen schleichen völlig ermattet nach Hause, sehen aber auf dem Parkplatz meistens noch die anderen, die schlecht gelaunt und zu spät anfangen.
Abschleppdienst	Er arbeitet Hand in Hand mit der Polizei und lebt um so besser, je intelligenter die Autofahrer ihre Renommierkutschen vor Diskotheken und in Fußgängerzonen herumstehen lassen.
Alkoholprobleme	Gibt es bei der Polizei so gut wie nie. Nur bei plötzlicher Erkrankung des Getränkewartes kann es gelegentlich zu Engpässen kommen.

Ablösung

Alltagskriminalität Irreführende Beschreibung für allerlei Straftaten, die allerdings auch an Sonn- und Feiertagen begangen werden. Dazu zählen Diebstähle und Sachbeschädigungen aller Art. Gegenstrategien werden in den Führungsetagen der Polizei entworfen und letztlich von Politikern auf den Weg gebracht. Deshalb steigt die Alltagskriminalität auch ständig.

Anwärter Polizeischüler am Beginn ihres Polizistenlebens. Deutlich erkennbar am tadellosen äußeren Erscheinungsbild, an ihrem Idealismus, Eifer und Tatendrang. Das gibt sich aber sehr schnell.

Asphalt „Wir gehen auf den Asphalt!“ – Die Streifenfahrt beginnt.

Außenlautsprecher Eines der bewährtesten Hilfsmittel polizeilicher Tätigkeit. Braucht doch der Polizist nicht einmal das Fenster herunterzukurbeln, geschweige denn auszusteigen, um Verkehrsteilneh-

mer zur Sau zu machen. Radfahrer mögen den Außenlautsprecher am liebsten, besonders unter Brücken.

Autofahrer

Stets zahlungskräftiger Weggefährte der Polizei mit dem immerwährenden Drang, Verkehrsverstöße jeglicher Art zu begehen. Fährt eigentlich immer zu schnell, parkt falsch, und rote Ampeln lassen ihn kalt. Ohne ihn wäre das Polizistenleben schlicht langweilig.

AzW

„Arzt zur Wache!" Die Streife hat einen besoffenen Kraftfahrer an Bord und ist auf dem Weg zur Dienststelle. Jetzt wird gezapft!

B

Bagatellunfall

Flüchtige Begegnung zweier Autofahrer im Straßenverkehr mit minimaler Schadensfolge. Nach Polizeieinsatz und Gutachtertätigkeit erfolgt dann ein kräftiger Griff in die Kasse der KFZ-Versicherung.

Bahnhofspolizei (BaPo)

Auch „Schienenpolizei" oder „Reisepolizei" genannt. Deren Angehörige sind vor kurzer Zeit aus den Diensten der Bundesbahn entflohen und Bundesgrenzschutzbeamte geworden. Deshalb haben sie nichts verlernt. Sie kennen alle Fahrpläne auswendig und schaffen es so, zur richtigen Zeit meistens am falschen Bahnhof zu sein.

Befehle

Mündliche oder schriftliche Weisungen, die bei der Polizei eigentlich jeder gibt. Alle Vorgesetzten befehlen ihren Untergebenen unaufhörlich irgend etwas. Streifenbefehle weisen den Beamten den Weg, wenn sie „draußen auf dem Asphalt" sind, und schriftliche Einsatzbefehle machen selbst aus winzigen

Bagatellunfall

Anlässen kräftezehrende Ereignisse. Das letzte Glied in der Kette, der Schutzmann mit dem niedrigsten Dienstgrad, hat nur noch einen Adressaten für die Befehlsgebung: Den mündigen Bürger (siehe dort)!

Beförderungen

Nichts haben Polizisten lieber. Jede Urkundenverleihung ist längst überfällig gewesen und selbstverständlich hochverdient. Für einige ist sie Lohn der Angst, für andere Fleißkärtchen, für viele aber auch Sitzprämie.

Beförderungsstau

In dem stehen nahezu alle Polizisten. Wer frisch befördert wurde, muß ein Jahr lang warten, bis er wieder befördert werden kann. Dann steht er also wieder im Stau, denn andere wollen ja auch mal drankommen. Einige Polizisten kommen schneller voran als andere, ein paar sind ganz schnell. Die benutzen die Kriechspur.

Bereitschaftsdienst

Der Bereitschaftsdienst ist deshalb so unbeliebt, weil man für 8 Stunden Nichtstun zu Hause nur 1 Stunde vergütet bekommt. Für 8 Stunden Nichtstun im Büro gibt es hingegen 8 Stunden vergütet. Man ist also lieber im Büro.

Bereitschaftspolizei (BePo)

In Kasernen untergebracht, erlernen die Polizeischüler im theoretischen Unterricht hier vor allem das, was ihnen in der Praxis nichts nutzt. Die BePo ähnelt schon mehr der „Police-Akademie“, vor allem seit auch weibliche Beamte hier wohnen. Arm in Arm laufen Polizeischüler verliebt und glücklich über ihren Campus und träumen dabei von Heldentaten im späteren Polizistenleben. Lassen wir ihnen die paar glücklichen Jahre!

Beschwerdeschreiben

Die bekommt die Polizei häufig, weil die Polizisten im Dienst angeblich frech oder unverschämt waren. Das liegt daran, daß

Beförderungsstau

die Menschen viel zu empfindlich und nachtragend sind. Meistens haben sie sich alles nur ausgedacht, um die Polizei zu ärgern. Wenn sich die Polizisten überhaupt nicht mehr rausreden können, ist das nicht so schlimm. Dann muß sich der Polizeipräsident für ihr Verhalten entschuldigen, sie kriegen einen Rüffel, und alles ist wieder gut.

Besoldungsmitteilung Monatliche Kriegserklärung des Finanzministers.

Beurteilungen Alle Jahre wieder bekommen unsere Ordnungshüter schriftlich, wie ihre Leistung bewertet wird. Je nachdem werden sie dann ein wenig schneller oder langsamer befördert. Das ist wie Zeugnisverteilung, nur viel spannender, weil vorher keine Klassenarbeiten geschrieben wurden. So richtig weiß deshalb niemand, wie die Beurteilungen zustande kommen. Den Vorgesetzten wird nirgendwo beigebracht, wie man Beurteilungen schreibt. Die Jüngeren schreiben deshalb meistens einfach von den Älteren ab. Deshalb sehen sie alle (die Beurteilungen) auch ziemlich gleich aus. Gehässige Leute behaupten immer wieder, je mehr Strafzettel ein Polizist verteilt, desto besser werden seine Noten. Das ist aber alles die reine Lüge, genauso wie das mit den Radarfallen.

Bewaffnete Schülerlotsen Liebevoll-spöttische Bezeichnung für Berufsanfänger in den Einsatzhundertschaften.

Bewaffnete Verwaltung Hämische, aber oft treffende Bezeichnung für die Kripo.

Bünabe Daß Polizisten bürgernah sind, weiß jedes Kind, schließlich sind sie dazu auch verpflichtet. Deshalb ist es eigentlich überflüssig, einen „Bünabe“ (Bürgernaher Beamter) zu beschäftigen, aber das sieht die Hamburger Polizei völlig anders. In jedem Polizeirevier laufen einige „Bünabes“ Fußstreife, mei-

Bünabe

Buletten

stens im Rang eines Kommissars. Wahrscheinlich sind die ganz besonders bürgernah.

Buletten (Boulletten) Weibliche Beamte der Schutzpolizei (Berlin).

Bundesgrenzschutz (BGS) Polizei des Bundes, die ihre Identitätskrise nach Wegfall der europäischen Binnengrenzen rasch überwunden hat. Beschützt jetzt außer der Ostgrenze Bahnhöfe und Flugplätze. „Die harten Jungs vom BGS“ sind auch bei Demo-Einsätzen kampferprobt und entsprechend gefürchtet.

C

Chef In der hierarchischen „Kleiderordnung“, die bei der Polizei alles ganz zwanglos nach Dienstgrad gestaltet, ist auch eindeutig geregelt, wer das ist. Wer höher steht, ist automatisch Chef, und der Chef ist immer klüger als seine Untergebenen, sonst wär’ er schließlich nicht Chef. Außerdem gilt: Der Chef hat nicht immer recht, aber er ist immer der Chef.

Chemische Keule Reizstoffsprühgerät, mit dem sich die Polizisten gegen bewaffnete „Störer“ zur Wehr setzen. Das verspritzte Zeug wirkt am meisten bei den Beamten selbst, die noch immer heulen, wenn der andere schon längst wieder fit ist. Die veralteten Füllpatronen werden deshalb regelmäßig lieber in der Wache zurückgelassen. Es gibt auch eine sehr handliche Ausgabe dieses Gerätes, das angeblich für Zivilkräfte, in Wahrheit aber für die Handtaschen der Polizistenfrauen gedacht ist.

China-Connection Gangstersyndikat aus rund 50 Banden und etwa 200.000 Mitgliedern in aller Welt. Heimatstandorte sind Hongkong und Taiwan. Als Zeichen der Ergebenheit schicken manche Anfänger ihrem Chef das Glied eines ihrer Finger. Gut, daß es bei der Polizei solche Regeln nicht gibt, einige Polizisten könnten nicht mal mehr telefonieren oder in der Nase bohren!

Computer Hat auch bei der Polizei längst Einzug gehalten. Wäre fähig zu wirklich Größerem auf dem Gebiet des Gaunerfangs, wurde aber von den Datenschützern äußerst wirkungsvoll zur einfachen Textverarbeitung herunterkastriert.

Conti Polizeischlagstock, auch Gummiknüppel oder „Hausordnung“ genannt.

CPM Abkürzung aus der Funksprache für „Currywurst, Pommes, Majo“ (siehe auch Pommes-Welle!).

D

Datenschutz Auf diplomatische Weise veränderter Begriff für Täterschutz, der er eigentlich ist. Manche Politiker kommen vor Sorge um den Rechtsstaat nicht mehr in den Schlaf, wenn die Polizei zuviel weiß. Mit immer mehr Datenschutzvorschriften behindern sie dann nach allen Kräften die Ermittlungsarbeit. So richtig ernst nimmt diesen Blödsinn inzwischen keiner mehr.

Davidwache (ohne „s“!) Älteste und wohl berühmteste deutsche Polizeiwache, bei Regisseuren als Filmkulisse beliebt. Steht direkt an der Reeperbahn mitten im Rotlichtviertel und ist bereits seit 1845 „im Dienst“.

Deeskalation Politisch verordnetes Nichtstun auch bei massenhaft begangenen Straftaten (Straßenblockaden, Hausbesetzungen usw.). Häufigste Ausrede entscheidungsunfähiger Polizeiführer.

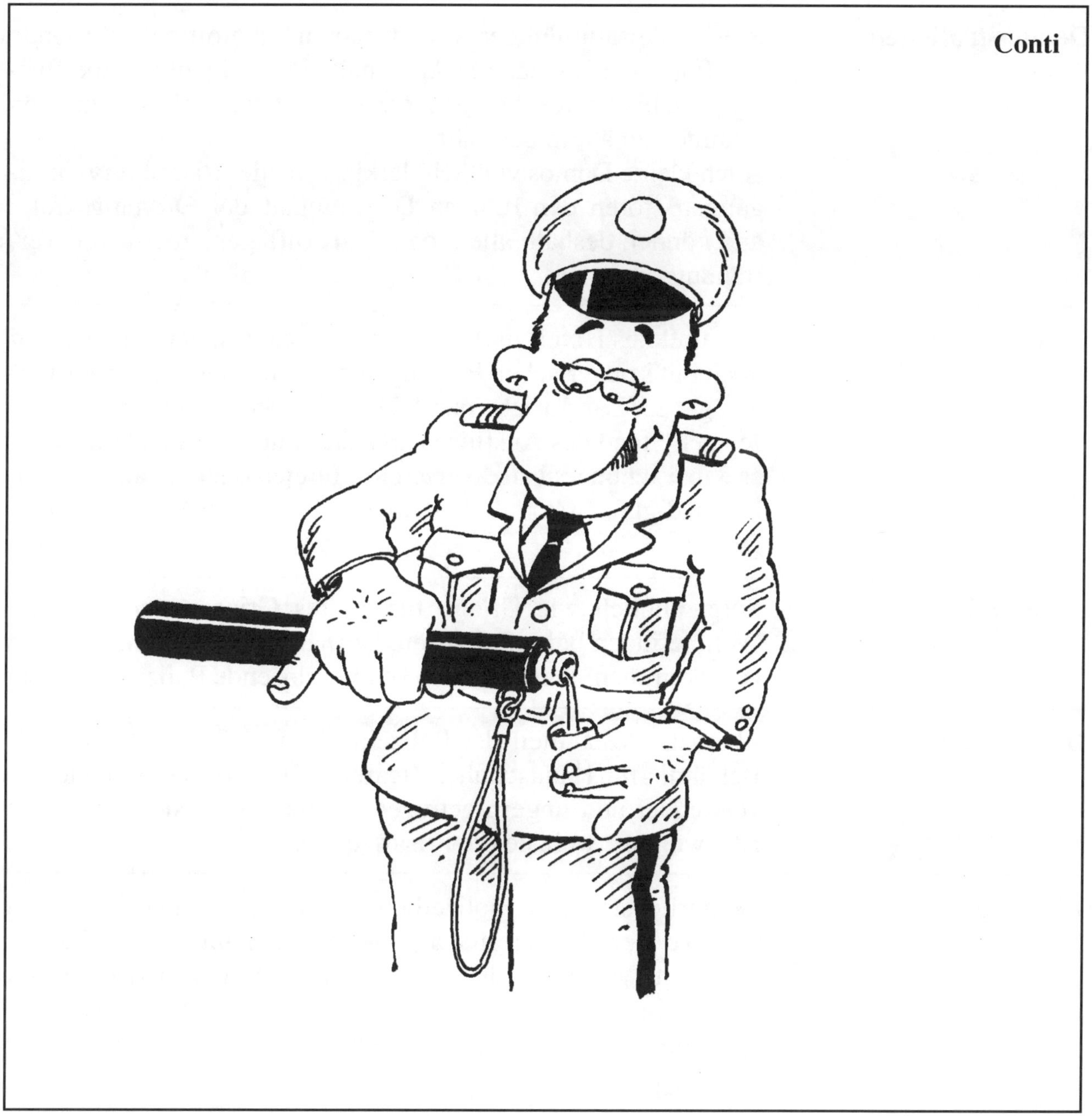

Demonstrationen	Riesige Ansammlungen von „Chaoten", die oftmals Tausende von Polizisten tagelang in Atem halten und eigentlich überflüssig sind, bis auf die wenigen, die sich mit der Verbesserung von Beamtengehältern beschäftigen. Auch kleine Demos von Schülerklassen oder Radfahrervereinigungen stören den ruhigen Dienstablauf der Ordnungskräfte und können deshalb alle möglichen Auflagen, aber kaum Verständnis erwarten.
Dienstausflug	Ernstfall des Hotel- und Gaststättengewerbes, vergleichbar nur noch mit kriegerischen Feldzügen der Hunnen oder Verwüstungen ganzer Landstriche durch Heuschreckenschwärme. Je nach Stand des Ausfluges und Zustand der Teilnehmer kann es dabei schon mal zu diversen Raufereien oder etwaigen Sachbeschädigungen kommen, schließlich sind Polizisten immer im Dienst.
dienstfrei	Sorgt ähnlich wie Urlaub für breites Grinsen und höchstes Wohlbefinden beim Polizisten. Deshalb ist es auch nicht leicht zu bekommen. Wer will auch schon grinsende Polizisten sehen.
Dienstmütze	Ehemals Bestandteil der Polizeiuniform. Wird heute gern als Behältnis für Handschuhe, Zigaretten, Coladosen und anderes verwendet und ungern getragen. Erstens, weil sie potthäßlich ist, zweitens, weil sie die Frisur zerstört.
Dienstsport	Gefährlichste aller polizeilichen Arbeiten, angeblich zum Zwecke der Körperertüchtigung und Erhaltung der Dienstfähigkeit. Vor allem der gelangweilte Bürodienst riskiert und beschädigt regelmäßig seine steifen Knochen bei harten Ballspielen. Wer was für seine Gesundheit tun will, nimmt besser nicht teil.

Dienstsport

Dienstweg

Dienstunterricht	Findet auf jeder Wache statt, die was auf sich hält. Hier referiert der große Häuptling über Dinge, die meistens jeder weiß und die häufig niemanden interessieren. So mancher Chef nutzt die große Runde auch dazu, Mitarbeiter öffentlich zusammenzustauchen. Es besteht natürlich auch die Möglichkeit zum Lob für gute Arbeit. Das letzte Lob ist aber schon lange her.
Dienstvorschriften	Schriftlich fixierter Bürokratiewahn, der die Polizeiarbeit festen Regeln unterwerfen will. Man kann sich darüber amüsieren oder sie ignorieren – wer aber alles befolgen will, was sich gelangweilte Chefs aus der Büroetage so ausdenken, der kann gleich einpacken.
Dienstweg	Wer auf dem Dienstweg seinen Polizeipräsidenten sprechen will, muß einen langen Atem haben. Vorher müssen nämlich erst einmal alle Vorgesetzten prüfen, ob das überhaupt sein muß, und das kann natürlich dauern. Geduld ist also gefragt. Dabei gilt: Jeder Polizeipräsident hat selbstverständlich jederzeit ein offenes Ohr für seine Mitarbeiter. Aber auf dem Dienstweg bitteschön!
Disziplinarverfahren	Manchmal glauben Polizeipräsidenten, ihre Polizisten hätten etwas angestellt. Auch Kleinigkeiten werden dann genau untersucht, damit der Beamte bestraft werden kann. Der Polizeipräsident leitet das Verfahren ein, und er setzt auch die Strafen fest. Das ist sehr praktisch, denn mit sich selbst ist man sich bekanntlich am schnellsten einig.
Disziplinarverteidiger	Häufig ehrenamtlich tätiger Gewerkschafter. Wenn er den Kollegen „raushaut", ist das selbstverständlich, wird der aber verurteilt, hat es immer am Verteidiger gelegen.

Durchsuchungsbefehl

Dunkelziffer	Im Fachjargon „Systematische Untererfassung" – immer falsche Zahlen zur Vervollkommnung falscher Statistiken. Weil niemand die Dunkelziffer kennt, wird auch niemand der Lüge überführt, der sie nennt. Hauptsächlich wird sie in der Politik gebraucht zur Begründung irgendwelcher Forderungen, so kurios sie auch sein mögen. Angaben zur Dunkelziffer sind immer Volksverdummung.
Durchsuchungsbefehl	Schriftliche Genehmigung des Richters für eine gründliche Hausdurchwühlung. Die meisten Polizisten wissen gar nicht, wie sowas aussieht, weil sie bei „Gefahr im Verzuge" keinen brauchen. Und „Gefahr im Verzuge" ist eigentlich überall, wo die Polizei erscheint.
DuZ	Die „Zulage für Dienst zu ungünstigen Zeiten" wird an Sonn- und Feiertagen und zur Nachtzeit gewährt. Die Polizisten sind der Überzeugung, es müsse sie rund um die Uhr geben, weil ja die Zeit zum Dienstmachen eigentlich immer „ungünstig" sei. Während es nachts kärgliche 2,50 DM zu verdienen gibt, sind es sonn- und feiertags immerhin stolze 4,40 DM pro Stunde, die die Polizisten steuerfrei kassieren.
DuZ-König	Wer am meisten DuZ kassiert hat, wird feierlich gekrönt.
DuZ-Party	Ausgelassene Stimmung an Sonn- und Feiertagen auf der Dienststelle.
DuZ-Versager	Bürohengste, die nur 4 Stunden Nachtdienst im Monat gemacht haben – würde einem **DuZ-Profi** niemals passieren, denn die Zulage gibt es erst ab mindestens 5 Stunden.

E

EdeKa (Ende der Karriere) (Häufig lang ersehnter) Zustand der absoluten Unanscheißbarkeit eines Polizisten nach Erreichen des höchsten Beförderungsamtes seiner Laufbahn.

Ehescheidung Natürliche Folge übereilter, also vor dem 60. Lebensjahr geschlossener Ehen von Polizisten. Aus versorgungstechnischen Gründen sind die Ordnungshüter eigentlich begehrte Ehepartner – pensionsberechtigt bis ans Lebensende – trotzdem haben sie die höchste Scheidungsrate. Wird begründet mit dem nervenaufreibenden Wechseldienst rund um die Uhr – aber damit redet sich der Bürodienst auch raus. Wahrscheinlicher ist also, daß die Ehefrauen schuld sind.

Einstellungsberater Beamteter Menschenfänger, der mit seinen bunten Broschüren die jungen Leute am liebsten direkt von der Schule weglockt, bevor sie sich in der freien Wirtschaft mit Arbeit den Charakter versaut haben.

Elefantenfriedhof Hochdotierte Posten bei den Regierungspräsidenten. Hier landen diejenigen, die zwar höchste Dienstgrade bekleiden, aber bei den Polizeibehörden nicht mehr „adäquat eingesetzt" werden können. Eine Art Vorruhestand mit vollen Bezügen.

Elefantenfüße Verkehrspostensockel der Berliner Polizei, von dem aus der Schutzmann den Verkehr regelt.

Entenpolizei Wasserschutzpolizei.

Ersttäter Regelmäßig straflos ausgehender Krimineller, den die Polizei zum ersten Mal erwischt hat. Macht nichts, normalerweise sieht man sich wieder …

Ersttäter

DIES IST EIN ÜBER ... FALLEN ODER, ÄHH, STEIGEN DIE KURSE?
SCHALTER

Fernschreiber

F

Fachhochschule für öffentliche Verwaltung (FHSÖV)

Haben Polizisten durch zahlreiche Auswahltests gezeigt, daß sie für den richtigen Polizeidienst eigentlich nicht zu gebrauchen sind, werden sie hierher geschickt, um Kommissar zu werden. In diesem dreijährigen Studium sind sie die bestbezahlten Studenten der Republik, denn ihr Gehalt läuft weiter. Neben der Kommissarurkunde erhalten sie nach bestandener Prüfung den Grad „Dipl. Verwaltungswirt“. Damit können sie zwar nichts anfangen, aber für eine Visitenkarte macht sich das viel besser. Nach der Fachhochschule muß man das Erlernte schnell wieder vergessen, will man wieder „richtiger Polizist“ werden. Wenn nicht, steigt man noch höher (siehe auch PFA)!

Fangschuß

Radarmessung eines Geschwindigkeitssünders.

Feierabend

Alltägliche Verlagerung der dienstlichen Gemütlichkeit in die eigenen vier Wände. Wann Feierabend ist, merken die Polizisten sehr rasch: Der Nachtdienst daran, daß es hell, die Mittagsschicht daran, daß es dunkel wird. Und wenn der Bürodienst erwacht, weiß auch die Frühschicht, jetzt ist Feierabend!

Fernschreiber

Außer im Technischen Museum in München findet man die ältesten Exemplare dieser eigentlich ausgestorbenen Form der Telekommunikation noch auf jeder Polizeiwache.

(Finas) Fahrzeugidentifizierungs- und auswertungssystem

Speicherungssystem für alle möglichen Kraftfahrzeuge mit genauen Angaben darüber, wo Fahrgestellnummern und so stige spezifische Merkmale zu finden sind, um das Fahrzeug genau erkennen und zuordnen zu können. Wichtig für die Beweisführung bei den oft sehr professionellen Fälschungen organisierter Autoschieberbanden.

Flattermann

Kripo-Jargon. Wenn eine Anzeige nach Bearbeitung der zuständigen Staatsanwaltschaft übersandt wird, benutzen Kripo-Beamte hierfür ein kleines Formular, das dann ganz oben auf dem Vorgang „flattert". Meistens flattert der Vorgang in irgendwelche Aktenschränke, Archive oder in den Reißwolf.

Flüstertüte

Technisches Gerät zur Erhöhung der Lautstärke beim polizeilichen Stimmeinsatz, auch Megaphon genannt. Einige Polizistenexemplare brauchen eigentlich nie eines, die verfügen über das bekannte Kasernenhoforgan. Die weiblichen Kräfte der Polizei könnten mitunter schon im normalen Gespräch eines brauchen.

Freigänger

Verurteilte Straftäter mit Entzugserscheinungen, denen durch verantwortungsvolle Entscheidungen offiziell die Möglichkeit zur beliebigen Wiederholung ihrer krummen Dinger gegeben wird. Wird merkwürdigerweise besonders bei Straftätern angewandt, die sich möglichst oft in Szene gesetzt haben.

Freispruch

Fehlurteil völlig unfähiger Gerichte, die die lückenlose Beweiskette der Polizei einfach nicht verstehen wollen.

Freiwillige Polizeireserve (Berlin)

Es gibt Berliner, die fahren im Urlaub an die See oder in die Berge. Die stören sich überhaupt nicht daran, wie es in ihrer Stadt derweil zugeht. Aber da sind auch etliche mutige Bürger, die sich zwei Wochen im Jahr um die Sicherheit der Spreemetropole verdient machen. In blauer Stadtpolizeiuniform sitzen sie dann in grün-weißen Polizeifahrzeugen und beschützen ähnlich wie die Wachpolizei wichtige Gebäude und andere Objekte. Zwei Wochen lang wurden sie dafür ausgebildet. Es gibt sie seit 1961 und wird sie wohl noch länger geben, denn auf ihre FPR lassen die Berliner nichts kommen!

Flüstertüte

Freiwilliger Polizeidienst (Baden-Württemberg)	Er wurde 1963 für Notstands- und katastrophenähnliche Situationen ins Leben gerufen. Die „Hiwis“ oder „Feierabendpolizisten“ sind eigentlich ganz normale Bürger, die die Polizeiarbeit eben wahnsinnig aufregend finden und gegen geringe Aufwandsentschädigung den beamteten Ordnungshütern zur Hand gehen. Sie haben genau die gleichen Uniformen wie die „richtigen“ Polizisten, nur leere Dienstgradabzeichen. Es gibt aber auch Leute in Baden-Württemberg, die züchten in ihrer Freizeit Kaninchen oder sammeln Briefmarken.
Fröschl-Lehrgang	3-Monats-Lehrgang lebensälterer Polizisten in Baden-Württemberg zum Erwerb der Kommissarswürde. „Fröschl“ hieß ein Mitarbeiter von Franz-Josef Wanninger (siehe Wanninger).
Führerschein	Schriftlich fixierter Irrglaube, ein Kraftfahrzeug sicher durch das Verkehrsgewühl steuern zu können und begehrtes Sammlerobjekt blutrünstiger Funkstreifenbesatzungen während der Nachtstreife.
Fürsorgepflicht	Jeder Vorgesetzte muß sich um seine Untergebenen kümmern, ob die das wollen oder nicht. Manchmal verstehen die Untergebenen nicht sofort, wenn wegen der Fürsorgepflicht ein Disziplinar- oder Strafverfahren gegen sie eingeleitet wird oder wenn sie strafversetzt werden – aus fürsorgerischen Gründen natürlich. Aber das müssen sie glücklicherweise auch gar nicht verstehen, dazu sind schließlich ihre Vorgesetzten da.
Fußballfans	Sind für die Polizisten diejenigen, die sich ein Fußballspiel anschauen und sich wie zivilisierte Menschen benehmen können. Die anderen Gestalten, die sich so gern als Hobbyboxer betätigen, gehören nicht dazu. Für die hat man die Tonne erfunden, und da kommen sie dann auch hin.

Führerschein

Fußstreife	Die ungeliebteste aller Arbeiten im täglichen Polizistenleben, denn ungeschützt vom dicken Blech des Funkstreifenwagens ist der Beamte den Bürgern ausgeliefert. Manche sind völlig hemmungslos geworden und sprechen ihn auf offener Straße an und fragen nach dem Weg oder sowas. Da hilft denn nur der strenge und unnahbare Beamtenblick, um sich zu schützen.

G

Gaunerzinken	Kreidezeichen an Gartenzäunen vor Einfamilienhäusern, mit denen sich Landstreicher untereinander verständigen und ihren „Kollegen“ wichtige Hinweise auf Hausbewohner und deren Spendenbereitschaft geben.
Gehalt	Schmerzensgeld für den Streifendienst, Sitzungsgeld für den Bürodienst und Schweigegeld für die wenigen, die den Durchblick haben.
Geldbuße	Gibt es nicht nur im Straßenverkehr, sondern auch als Strafe im Disziplinarverfahren innerhalb der Polizei. Sie trifft den Schutzmann an der empfindlichsten Stelle und ist deshalb überhaupt nicht beliebt. Meistens kommt noch ein Beförderungsstop hinzu. Wenn man aber schon vorher hoch genug gekommen ist, macht das nichts.
Geradeauspolizei	Autobahnpolizei.
Gewerkschaften	Wenn sich alle Polizisten einig wären und in einer einzigen Gewerkschaft zusammenarbeiten würden, wären sie wohl besser dran. Damit das nicht passiert, haben sie sich aufgeteilt in drei Polizeigewerkschaften:

Fußstreife

Deutsche Polizeigewerkschaft im Deutschen Beamtenbund (DPolG),
Gewerkschaft der Polizei (GdP),
Bund Deutscher Kriminalbeamter (BDK).

Grenzpolizei (Bayern) Die bayrischen Landesgrenzen zur Schweiz, nach Österreich und der Tschechischen Republik werden nicht vom Bundesgrenzschutz, sondern von einer eigenen „Grenzpolizei des Freistaates Bayern“ bewacht. Die Grenzen nach Sachsen, Thüringen, Hessen und Baden-Württemberg sind noch unbewacht.

Großeinsätze Unangenehme Unterbrechung des regulären Dienstablaufes aus unterschiedlichsten Anlässen. Fußballspiele, Demonstrationen oder Politikerbesuche bringen Polizisten immer wieder um ihre freien Wochenenden. Für die Anzahl der eingesetzten Polizisten ist weniger die tatsächliche Bedrohungssituation ausschlaggebend als vielmehr der Dienstgrad des Einsatzleiters. Ein „Leitender Direktor“ macht es normalerweise nicht unter 200 Mann, egal wie nichtig der Anlaß ist.

GSG 9 Legendäre Einheit der Polizei des Bundes (BGS), „Helden von Mogadischu“, aber auch mit Pleiten, Pech und Pannen behaftet. Sic transit gloria mundi! (So vergeht der Ruhm der Welt.)

Gummifresse Gasmaske zum Schutz vor Tränengasschwaden bei Demos.

Gutenberg „Denkt an Gutenberg!“ Aufforderung des Chefs an seine Funkstreife, ihm Zeitungen mitzubringen.

Grenzpolizei

H

Haftbefehl

Schriftliche Einladung zum Antritt einer verhängten Freiheitsstrafe oder zum Erscheinen vor Gericht. Auch wegen nichtbezahlter Mini-Geldstrafen werden häufig Haftbefehle ausgestellt, die die Polizisten dann freudig und engagiert vollstrecken. Für die Verwaltung der Haftbefehle stehen normalerweise viel mehr Beamte zur Verfügung als für deren Vollstreckung. Das ist zwar Blödsinn, aber Ordnung muß schließlich sein.

Handschellen

Als „Die Acht“ bezeichnen Polizisten im Einsatz kurzerhand ihre Handschellen. Ein Fesselinstrument, das nichts, aber auch gar nichts mit den sexuellen Praktiken der Amtsbrüder und -schwestern zu tun hat, sondern gebraucht wird, um die Kundschaft ruhigzustellen.

Wenn es „Klick“ macht, hat der Täter längst verloren. Wer dann immer noch die Polizei beschimpft oder herumtobt, behält das Schmuckstück für die Handgelenke ein wenig länger an. Manche Polizisten verlegen zuweilen auch die Schlüssel. Das kann ja mal passieren.

Harter Hut

Einsatzhelm zum Schutz der Polizistenköpfe bei „geschlossenen Einsätzen“ (z.B. Demonstrationen, Krawalle, Räumungen von besetzten Häusern etc.).

Hausverfügung

Schriftliche Weisung von einem Zimmer zum anderen, die in der Regel einen langen Dienstweg hinter sich hat, bis sie den zuständigen Mitarbeiter erreicht. Eingeständnis mangelnder Kommunikationsfähigkeit zwischen Mitarbeitern des Bürodienstes, aber auch einzige Verbindung so mancher Sachgebietsleiter zur Außenwelt.

Harter Hut

Hilo

HILO?! NEE! DEN KÖNNEN SIE WIEDER MITNEHMEN! MEINER HEISST KARL!
HA-HALLO! LIEBLING! HIPP!

Hilo

Funksprache für „Hilflose Person", meist Betrunkene, die es nicht mehr aus eigener Kraft nach Hause geschafft haben. Polizisten haben viel mehr Verständnis dafür und helfen beim weiteren Heimweg. Aber die Hilo muß sich anständig benehmen – sonst Tonne (siehe dort).

I/J

Inaugenscheinnahme

Polizisten schauen sich nichts an, sie nehmen es in Augenschein. Das ist zwar in der Konsequenz dasselbe, hört sich aber viel besser an.

Innenminister

Höchster Chef der Polizei in seinem Bundesland. Zumeist Politiker ohne Sachkenntnis, aber mit großem Beraterstab. Wenn die Polizei großen Mist macht, trägt er die „politische Verantwortung", das heißt, er tritt zurück oder nicht.

International Police Association (IPA)

Polizistenvereinigung mit über 250.000 Mitgliedern aus 55 Staaten. Getreu ihrem Wahlspruch „Servo per Amikeco" (Dienen durch Freundschaft) fördert die IPA kollegiale Kontakte und Erfahrungsaustausch auf internationaler Ebene und hilft in Not geratenen Polizisten schnell und unbürokratisch. Der IPA-Mitgliedsausweis räumt gleichzeitig Verständigungsbarrieren zwischen Polizisten in aller Welt schnell beseite.

Jubiläum

Wer nach einem Vierteljahrhundert immer noch nicht die Nase voll hat von Uniformen, Vorgesetzten, Gesetzen, Erlassen, Vorschriften und Bürgern, für den gibt's ein paar hundert Mark, eine Urkunde und manchmal auch noch eine Rede vom Präsidenten. Meistens wird dabei genausoviel geschwindelt wie bei Beerdigungen, aber das ist Balsam für die vielen Wunden, die das Polizistendasein in die sensiblen Seelchen der Wesen in Uniform schlug. Seltener sind die Jubiläen nach 40jähriger Dienstzugehörigkeit. Das schaffen nur die Bürohengste, deren Dienst so ruhig ist, daß sie später von der Pensionierung völlig überrascht werden.

Justizvollzugsanstalt (JVA)

Verwahrungsort treuer Polizeikunden. Qualität und Bedingungen der Unterbringung entsprechen mitunter keinesfalls dem Standard der Polizeischulen, sondern sind um Klassen besser. Glücklicherweise herrschen in unseren Gefängnissen zuweilen Zustände, die dem Freiheitsdrang der Insassen keine Schranken setzen, und bei der Polizei, die ihre „Knackis" immer wieder einfangen muß, keine Langeweile aufkommen läßt. Das erhöht die Zufriedenheit der Polizisten und motiviert sie immer wieder aufs neue.

K

Kaulquappe

Oberkommissar aus Baden-Württemberg, der durch „Handauflegen" zu seinem Dienstgrad gekommen ist, also keine Prüfung ablegen mußte (siehe auch Toyota-Kommissare).

Kavallerie

Reiterstaffel. Beliebtester Job der Schutzpolizei nach Hubschrauberstaffel. Hier können auch niedrigste Dienstgrade auf hohem Roß sitzen und „Mist" produzieren, soviel sie wollen.

KFZ-Einbruch

In unregelmäßigen Abständen durchgeführte Autoversicherungs-Beitrags-Rückführungsaktion durch Erstattung entsprechender Anzeige bei der Polizei.

Kienbaum

Unternehmensberatung aus Düsseldorf. Hat die Arbeit der Schutzpolizei untersucht und wissenschaftlich festgestellt, daß

Justizvollzugsanstalt

Kollege heiratet Kollegin

Polizisten mies bezahlt sind. Wußte man aber auch schon vorher. Das „Kienbaum-Gutachten“ gilt seit 1991 als „Bibel aller Schupos“.

KiKo (Kinderkommissar)

Gute Abiturienten haben in einigen Bundesländern die Möglichkeit, sofort mit der Ausbildung für den gehobenen Dienst der Polizei zu beginnen. Nach vollendetem Studium an der Fachhochschule, ohne Diensterfahrung und völlig grün hinter den meist erst 20 Jahre alten Kommissarohren, landen die armen Kerle als KiKos in den Polizeirevieren.
(Den Kindersitz für den Streifenwagen müssen sie von ihrem ersten Gehalt kaufen).

Knallzeuge

Nerviger Zeitgenosse, der die Vorgeschichte und den Ablauf eines Verkehrsunfalls bis ins kleinste Detail beschreibt, in Wahrheit aber lediglich gehört hat, wie die Fahrzeuge zusammenkrachten. Er kennt sich in solchen Dingen unglaublich gut aus und hat stets allerhand Ratschläge für die Unfallaufnahme parat. Überflüssig zu erwähnen, daß er die Schuldfrage längst gelöst hat.

KOBB

Kontaktbereichsbeamter aus Berlin, der wie der „Bünabe“ aus Hamburg ständig Bürgernähe produziert und dabei durch seinen Bereich stiefelt. Er „kontaktiert“ laufend die Menschen in seinem Bezirk, manchmal spricht er auch mit ihnen. Ab und zu schreitet der Kontaktbereichsbeamte auch zur Tat und schreibt eine Anzeige. Das sind dann die Kontaktanzeigen.

Kollege heiratet Kollegin

Blödsinnig und überflüssig, weil für die schönen Seiten des Lebens im Dienst genug Zeit ist. Außerdem unverantwortliche Schonung der Landeskasse, da der erhöhte Ortszuschlag nicht doppelt gezahlt wird.

Kommissar Zufall	Plumpe Medienerfindung; den gibt es gar nicht. Jeder polizeiliche Erfolg ist das Ergebnis harter und intelligenter Ermittlungstätigkeit der Polizisten!
Konfliktbewältigung	Natürlich haben alle Polizisten Konflikte, deshalb müssen auch alle mindestens ein Seminar besuchen, bei dem sie diese Konflikte beherrschen lernen. Dabei übt man, sich zu entspannen und über seine Probleme zu reden. Meistens liegt man währenddessen lang ausgestreckt auf dem Boden. Richtig arm dran sind diejenigen Polizisten, die schon völlig entspannt zu diesem Seminar kommen und weder mit sich noch mit ihrer Umwelt Konflikte haben, die keine Ängste verspüren und ihren Job ganz toll finden. Aber das kriegen die Therapeuten schon hin.
Kooperativer Führungsstil	Menschenfreundlicher Umgang mit Mitarbeiterinnen und Mitarbeitern. Wird in der Fachhochschule während der Kommissarausbildung drei Jahre lang im Fach Führungslehre gelehrt, später auch an der Polizei-Führungsakademie. In der Praxis allerdings ohne Bedeutung.
Kradstaffel	Häufig angestrebte Dienststelle erfahrener Polizisten, die vom Nachtdienst die Nase endgültig voll haben. Verkratzte Seitendeckel eines Polizei-Bikes deuten darauf hin, daß der Kollege früher bei der Reiterstaffel war und noch immer die Sporen trägt.
Kraftfahrbundesamt (KBA)	Vor allem bekannt als Flensburger Punktesammelstelle für anzeigenverliebte Kraftfahrzeugführer. Hat aber auch viele technische Prüfaufgaben für Zulassungen von Fahrzeugen und Zubehör.

Kooperativer Führungsstil

Kriminalbeamte

Kriminalbeamte

Ehemalige Polizisten in einer Uniform, die sich Zivilkleidung nennt. Zu erkennen sind sie schon von weitem an der langen Kette, die aus dem Hosenbund baumelt und an der ihre Kripo-Marke befestigt ist. In der Regel harmlose Amtsbrüder, die morgens um 07.30 Uhr kommen und pünktlich gegen 16.00 Uhr fluchtartig das Polizeipräsidium verlassen. Trifft man sie gegen Mittag auf dem Gang, ertönt ein gut verständliches „Mahlzeit“, und die Damen und Herren von K verschwinden „zu Tisch“, wie es sich für ordentliche Verwaltungsknechte gehört.

Kuhhandel

Absprachen zwischen Staatsanwälten, Richtern und Rechtsanwälten, die regelmäßig in milden Urteilen für Straftäter oder in vollkommener Einstellung des Strafverfahrens als Gegenleistung für das Versprechen, künftig brav zu sein, enden. Häufig genug sind Sozialarbeiter beteiligt, deren Referat über die schlechte Kindheit des Täters der Anklage den Rest geben.

Kuren

Labsal für geschundene Schutzmannskörper zur Wiederherstellung der körperlichen Leistungsfähigkeit. Polizisten sind laut Gesetz verpflichtet, sich aktiv für den Erhalt ihrer Gesundheit einzusetzen. Wenn sie also häufig zur Kur fahren, tun sie dies in Erfüllung ihrer Amtspflichten und nicht etwa, weil das Spaß macht. Wer rund um die Uhr Streife fährt, darf öfter zur Kur, weil diese Polizisten angeblich höher belastet sind. Eine Sonderkur für den Bürodienst gibt es noch nicht. Das ist eigentlich unlogisch, denn dort wird schließlich am meisten gearbeitet, was man unschwer daran erkennt, daß da die höchsten Gehälter gezahlt werden.

L

Landesboutique Kleiderkammer, in der es gar keine Kleider gibt, sondern nur trostlose Uniformen.

Lauschangriff Typisch bescheuerter Politikerausdruck für das Abhören von Kriminellen, die sich mit Komplizen zu neuen Taten verabreden wollen. Ziemlich kontrovers diskutiert, da es für einige liberale Strategen rechtsstaatlich schon bedenklich ist, wenn Polizisten einfach nur Augen und Ohren offenhalten. Viele lassen es deshalb auch sein.

Lehrwache Zu Übungszwecken in der Polizeischule nachgebaute Polizeiwache. Fachlehrer, Ausbilder und Polizeianwärter spielen und überlegen hier, wie die Praxis sein könnte, von der sie alle gleich viel verstehen, nämlich nichts. Hinterher kommt deshalb alles ganz anders!

Löffel Beleuchteter Anhaltestab, mit dem Autofahrer wegen Überprüfung, Übertreten der Geschwindigkeit etc. gestoppt werden.

Losentscheid Wird häufig herbeigeführt, wenn jemand für einen besonderen unangenehmen Job gesucht wird, zum Beispiel Gewahrsamsdienst oder Objektschutz. Kein überzeugendes Führungsmittel, aber immer noch besser als einfach zu befehlen.
Optimal und genauso selten: Entscheiden und den Mitarbeiter überzeugen.

Lübecker Hüte Nein, keine norddeutsche Kopfbedeckung. Es handelt sich vielmehr um rot-weiß gestreifte Kunststoffzylinder, die bei der Sicherung von Unfallstellen oder Kontrollplätzen der Polizei Verwendung finden.

Losentscheid

Luna (Leuchtendatei für die Unfallfluchtforschung)	Cleveres computergesteuertes System zur Erkennung fahrzeugspezifischer Daten anhand von Glasresten der Fahrzeugscheinwerfer. Genaue Angaben über den Typ, Baujahr usw. des unfallflüchtigen Autos können schon anhand kleiner Reste, die häufig am Unfallort aufgefunden werden, ermittelt werden. Hat sich ein äußerst kluger Kopf ausgedacht – ein Schutzmann eben.

M

Mängelkarten	Beliebte Postkartengrüße von der Polizei, um selbsternannte Tuner und Tieferleger in die TÜV-Schranken zu weisen. Sie werden in hartnäckigen Einzelfällen gerne auch mit Ordnungswidrigkeitenanzeigen oder Verwarngeldern gekoppelt.
Mini-Airline	Hubschrauberstaffel – „Mini“ steht nicht etwa für „klein“, sondern für „Minister“!
Mißbilligung	Schriftliches Stirnrunzeln des Polizeipräsidenten nach einem dienstlichen Fehlverhalten. Vorstufe zum Anschiß!
Mobiles Einsatzkommando (MEK)	Besteht hauptsächlich aus geduldigen Kripo-Leuten, die Schwerverbrecher oft wochen- und monatelang beobachten, bevor die Falle zuschnappt. Man erkennt die MEK-Leute an ihrer Unauffälligkeit.
Mollies	Kurzbezeichnung für Molotow-Cocktails, mit denen die Polizei bei Demos beworfen wird. Wird ein Molli in ein Polizeiauto geworfen, wissen die Polizisten sofort, was sie machen müssen, denn ein Merkblatt des Innenministeriums empfiehlt: Sofort aussteigen! Aha.

Mobiles Einsatzkommando

Motivation

Berufszufriedenheit und Einsatzbereitschaft der Polizisten, die immer wieder durch sinnvolle Politikerentscheidungen oder Führungspersönlichkeiten innerhalb der Polizei gefördert wird. Regelmäßig bewegt sie sich um den Nullpunkt herum, sie kann aber auch befohlen werden. Davon machen die Chefs am liebsten Gebrauch. Motivation zu erzeugen und zu steigern, ist Aufgabe der Vorgesetzten. Wenn ihre Untergebenen trotzdem keine haben, ist das aber deren Schuld.

Motorradfahrer

Sie sind die erklärten Feinde der Polizei und werden in freier Wildbahn hemmungslos gejagt. Das wissen die Motorradfahrer auch, deshalb haben sie immer genug Geld dabei, um die Verwarnungsgelder wegen Geschwindigkeitsüberschreitung auch dann zu bezahlen, wenn die Polizei gar keine Geschwindigkeit gemessen hat. Motorradfahrer sind nämlich immer zu schnell, das weiß die Polizei genau. Und die Motorradfahrer auch.

Mündige Bürger

Sehr unangenehme Zeitgenossen, die entschieden zuviel Ahnung von ihren Rechten haben und erheblich zuviele Pflichten der Polizei kennen. Sie zweifeln polizeiliche Entscheidungen an, verlangen Rechtsauskünfte und Begründungen, erfragen die Namen der einschreitenden Beamten und deren Vorgesetzten und reichen als Gipfel ihrer Unverschämtheiten schriftliche Eingaben und Beschwerden ein. Die spinnen, die Leute.

Motorradfahrer

Nackte Polizisten

N

Nackte Polizisten Sind in Deutschland kaum dienstlich unterwegs. Im südfranzösischen FKK-Zentrum Cap d'Agde allerdings verfolgen splitternackte Ordnungshüter Badegäste, die gegen die Freikörperkulturregeln verstoßen – etwa durch das Tragen von Badebekleidung.

Namensschilder Tragen Polizisten überhaupt nicht gerne, schließlich geht es überhaupt keinen Menschen etwas an, mit wem er es zu tun hat; es reicht, wenn die Polizisten seinen Namen kennen. In Hessen protestierten die Freunde und Helfer ganz heftig, als der Innenminister ihnen das „Outing" verordnete, aber es half nichts. Jetzt warten alle darauf, daß auch die „Normalbürger" Namensschildchen bekommen – und die Ganoven natürlich, fälschungssicher versteht sich.

Nebenstelle Interne Fernsprechnummer, die den Anrufer direkt mit dem zuständigen Sachbearbeiter ins Gespräch bringen könnte, ohne die Vermittlung lange zu beschäftigen. Deshalb ist sie auch in der Regel geheimzuhalten.

Nullrunde Einen ganzen Tag lang auf Streife und beide Augen fest zugedrückt. Was wie Gnade gegenüber den Verkehrssündern aussieht, ist manchmal schlicht Faulheit. Mit der Nullrunde bei den Tarifverhandlungen hat das nichts zu tun, jedenfalls wird jeder Zusammenhang geleugnet.

O

Oberverdachtschöpfer Kripo-Abteilung, die Staatsschutzdelikte bearbeiten soll. Wittern hinter jedem Busch Feinde der Republik. Was sie nach langen Ermittlungen herausgefunden haben, stand meistens letzte Woche schon in der Zeitung. Zur Zeit haben sie unglaublich viel zu tun, irgendwas ist in der DDR los. Stören wir sie nicht.

Objektschutz Hier bekommen die Polizisten direkt nach ihrer Ausbildung ihre erste große Motivationsbremse. Zunächst einmal stehen sie einige Jahre lang vor Ministerien, Botschaften oder Privatwohnungen von Politikern herum und passen auf, daß keiner ihre Insassen klaut. Ätzend.

Öffentlicher Dienst Polizisten sind die Vorzeigebeamten des öffentlichen Dienstes. Mobil und aktiv, rund um die Uhr verfügbar und immer auf dem Höhepunkt ihrer Leistungsfähigkeit. Sie sind flexibel, friedliebend, bürgernah und bescheiden. Echte Beamte eben.

Ollenhauer Auf der Fahrt zum Einsatz gibt die Leitstelle diese Erläuterung, damit sich die Schutzleute darauf einstellen können, was sie erwartet: „Er“ schlägt „Sie“.

Ordnungsamt Mit Beamten besetzte Einrichtung in den Rathäusern der Gemeinden, die während der Bürodienstzeit nicht tätig werden kann, weil zwischen Frühstück, Mittag und Feierabend für die wenigen Bediensteten gerade noch Zeit bleibt, die Probleme zu bearbeiten, die es ohne dieses Amt gar nicht gäbe. Außerhalb der Bürodienstzeiten braucht eine Gemeinde offenbar keine Ordnung, denn vom Ordnungsamt ist dann keine Spur zu sehen. Der Großteil der Arbeit bleibt bei der Polizei, denn die ist rund um die Uhr da.

Objektschutz

Ordnungswidrigkeitenanzeige

Ordnungswidrigkeitenanzeige	Beliebtes Folterinstrument der Polizisten für unsere Verkehrsteilnehmer, das zumeist mit der Verhängung eines Bußgeldes verbunden ist. Sollte jeder Verkehrsteilnehmer in unregelmäßigen Abständen erhalten. Statt widerspruchslos zu bezahlen, zweifeln immer mehr Bürger die von der Polizei geschilderten Verkehrsverstöße an und gehen vor Gericht. Eine Frechheit ist das!
Organisation der Polizei	Ständig fummeln in allen Ländern die Politiker am Aufbau der Polizeibehörden herum und ändern in Wahrheit nichts. Jede groß angekündigte „Reform" hat die Wirkung der Silvesterknallerei: Es knallt, zischt und strahlt – und hinterher ist alles so dunkel wie vorher!
OwL-Lehrgang	Abkürzung für „Opa wird Leutnant" – zärtlicher Spott über ältere Kollegen, die nochmal die Schulbank drücken, um Kommissar zu werden.

P

Parkgewohnheiten	Eines der größten Geschenke eines autofahrenden Großstadtbürgers an seine Polizei. Jegliche gutgemeinten Ratschläge seines Fahrlehrers in den Wind schlagend, übt er sich vehement im Schaffen von Verkehrshindernissen und beschwert sich lauthals, wenn sein Blechhaufen mit dem Abschleppwagen beiseite geräumt wurde. (Stumm wird er erst, wenn er die Rechnung sieht).
PAST	Polizeiautobahnstation – Boxenstop für die Geradeauspolizei (siehe dort).

Pensionierung	Nach jahrzehntelanger Ruhephase meistens der Beginn eines erlebnis- und arbeitsreichen Daseins.
Personal-Assesment-Center (PAC)	Zweitägiger Test zur Auswahl von Kommissarbewerbern. Von Psychologen ausgetüfftelt – und genauso fragwürdig ist er auch!
PFA (Polizeiführungsakademie)	Sie hat kaum Gemeinsamkeiten mit der „Police-Academie", wie wir aus dem Kino kennen. Ein Jahr lang werden hier diejenigen zu Polizeiräten gemacht, bei denen man ganz sicher gehen will, daß sie nicht mehr als Polizisten mit Bürgern in Kontakt treten sollen. Später sitzen sie in den „Teppichetagen" der Polizeiwachen (siehe auch Teppichetagen). Die meisten von ihnen richten hier eigentlich keinen großen Schaden mehr an. Dann werden sie zu Direktoren ernannt und bevölkern die Ministerien. Zuletzt hört man kaum noch etwas von ihrer Existenz. Vermissen tut sie aber auch keiner.
Planstellen	Hierarchische Sitzgelegenheit, auf der der Beamte solange ruht, bis er die entsprechende Besoldung erhält. Dann sieht er sich nach der nächsten um. Planstellen gibt es bei der Polizei immer zuwenige, vor allem sind diejenigen knapp, die ein höheres Gehalt bringen. Planstellen sind auch der Grund dafür, daß die Polizeibeamten eigentlich nicht arbeiten dürfen. Sonst hießen sie ja Arbeitsplätze.
Politessen	Raffgierige und gnadenlose Angestellte der Kommunen mit gestörter Freund-Feind-Kennung. Hängen ihre unverschämten Strafmandate sogar an Privatautos der Polizisten, obwohl die durch Aufkleber der Polizeigewerkschaft eindeutig gekennzeichnet sind. Werden selbst leider viel zu selten von der Polizei erwischt.

Politessen

Polizeiseelsorge

Polizeidichte

Zahlenmäßiges Verhältnis von Bürger und Polizei. Liegt ungefähr bei 1 : 400; so kann Sicherheit natürlich nicht gewährleistet werden. Idealzustand wäre 1 : 1; wir brauchen also viel mehr Polizisten oder deutlich weniger Bürger.

Polizeidiensttauglichkeit

Zwingende gesundheitliche Voraussetzung für Einstellung und Verbleib in der Polizei. Alle Polizisten sind deshalb sportliche und dynamische Typen, körperlich immer voll auf der Höhe ihrer Leistungsfähigkeit. Übergewichtigkeit, Sehschwäche oder Uniformallergie können rasch zur vorzeitigen Pensionierung führen. Eine Macke zu haben, reicht für die Pensionierung in der Regel nicht, kann aber zur Beförderung führen.

Polizeikessel

Alle „Chaoten" auf einen Haufen, Polizei drumherum, fertig ist der Kessel. So wirksame wie umstrittene Einsatzform, wird in Bayern gelobt, in Hamburg bestraft.

Polizeipräsident

Leiter der Polizeibehörde. So richtig gut geht es ihm eigentlich nur, wenn er beim Polizeisportverein Pokale verleiht oder Beförderungen ausspricht. Den Rest des Tages verbringt er damit, den Mist auszubügeln, den seine Leute anstellen. Er ist der ärmste Hund in „seiner" Behörde, kriegt von allen Seiten Druck und hat sein Gehalt wirklich verdient.

Polizeiseelsorge

Religiöser Beistand mit Sonderurlaubsanspruch für die Beamten. Kirchliche Seminare sind sehr beliebt, weil „ohne beamtenrechtliche Folgen" (Teilnahme genügt). Auf Polizeischulen sorgt der Seelsorger im Unterrichtsfach „Berufsethik" für das nötige moralische Rüstzeug und provoziert mit Fragen nach dem Sinn polizeilicher Arbeit. Mitunter schleichen sich evangelische Linkstheologen in die Polizei ein und rütteln an den Grundpfeilern der Beamtenhierarchie – bislang ohne Erfolg.

Polizeistunde

Wird von den Kommunen gern auf 01.00 Uhr festgelegt, um für Verlängerungen der Ausschankzeiten saftige Gebühren zu kassieren. Wie der Name aber schon sagt, ist es die Stunde der Polizei. Versoffene Thekensteher, die einfach nicht genug kriegen können, werden jetzt nach Hause geschickt. Polizisten und Gastwirt wollen schließlich auch mal unter sich sein.

Polizeiwache

Sicherheitsmanufaktur, die zugleich Speisesaal für hungrige Polizisten, Blutspendetreffpunkt für angesäuselte Kraftfahrer und beliebter Anlaufpunkt geschwätziger Mitbürger ist, die ohne ein langes Gespräch mit der Polizei vor Langeweile eingehen würden.

Polizistenfrauen

Bedauernswerte Geschöpfe mit der Gabe, die vielen Wehwehchen ihres Gatten zu heilen, die er aus dem Dienst mitbringt. Geduldig und aufopfernd erdulden sie seine Launen und Eskapaden. Ihnen werden außerdem magische Fähigkeiten nachgesagt, wie sonst kämen sie mit einem Polizistengehalt zurecht.

Pommes-Welle

Nein, baden kann man nicht darin, und sie hat auch nichts mit Wasser zu tun. Sie ist eine Spezialität des polizeilichen Funkverkehrs. Den allgemeinen Polizeifunk kann bekanntlich jedermann mit einem gewöhnlichen Radio abhören, nicht aber den internen Funkverkehr der einzelnen Dienststellen. Die kleinen Handsprechfunkgeräte sind vielseitig verwendbar, auch zur Bestellung kulinarischer Leckerbissen von der Pommes-Frites-Bude. Und weil man auf dieser Frequenz seine Pommes bestellt, nennt man sie Pommes-Welle. (Man kann aber auch Pizza bestellen.)

Pressestelle

Eigentlich gibt es ja nichts, was ein Polizist nicht kann. Anders ist das bei dem Umgang mit Reportern. Deshalb gibt es in jeder

Pommes-Welle

Behörde eine Pressestelle mit mindestens einem Pressesprecher. Jeder kluge Polizist, der am Einsatzort von einem Journalisten bedrängt wird, wird diesen an den Pressesprecher verweisen. Der weiß zwar in der Regel von nichts, kann das aber viel besser ausdrücken.

Promille-Grenze

Willkürlich gesetzte Schranke zur Einschränkung des Alkoholkonsums vor dem Führen eines Fahrzeuges, die für immer weniger Verkehrsteilnehmer eine Rolle zu spielen scheint. Ernsthafte und sinnvolle Überlegungen zur Absenkung auf 0,5 oder gar 0,0 Promille gibt es seit Jahren, aber solange die Politik selbst noch säuft, wird sich wohl nichts tun.

Psychologie

Lehrfach in den Polizeischulen und Arbeitsbeschaffungsmaßnahme für Seelenklempner, die nirgendwo anders zu gebrauchen waren und meist völlig ohne Kenntnisse des Polizeialltags den armen Anwärtern ihre Wissenschaft als Realität vermitteln. Die besten Polizeipsychologen sind ältere Hauptmeister mit vielen Dienstjahren und ohne Psychologieunterricht.

Publikumsverkehr

Überaus lästige Angewohnheit zahlreicher Bürger, die ohne Vorankündigung und meistens auch ohne trifftigen Grund die Polizeiwache betreten und den Wachhabenden von seiner Arbeit abhalten. Die Leute machen sich einfach keine Vorstellung davon, daß die Polizei auch ohne sie genug beschäftigt ist.

Putzfrauen

Ausgesprochen störende Wesen. Mit ihrem total übertriebenen Reinlichkeitsfimmel bringen sie gegen Ende des Nachtdienstes Unruhe und nervende Frischedüfte in die verqualmten Diensträume. Tragen mit ihrem abartigen Wunsch nach Lüftung durch offene Fenster zur Gesundheitsgefährdung der Beamten bei.

Putzfrauen

R

Radar

Ersatz für den ehemaligen Brücken- oder Wegezoll, der schließlich auch behördlich erhoben wurde. Natürlich stehen diese Geräte vor allem an den Stellen herum, wo sich der hohe Kaufpreis auch rentiert. Schließlich wollen Steuergelder nicht verschwendet sein.

Radarfallen

Gibt es überhaupt nicht. Das sind alles böswillige Erfindungen der Automobilclubs oder derjenigen Autofahrer, die hineingetappt sind!

Razzia

Man kann zwar überall nach Verbrechern oder geklauten Sachen suchen, aber nur eine Razzia macht richtig Spaß. Da kann man nämlich nach Herzenslust jeden und alles kontrollieren, durchsuchen und überprüfen. Eine Razzia ist natürlich nicht überall gleich schön. In einer Spielhalle oder am Bahnhofsvorplatz macht es weniger Spaß, am besten ist die Disco-Razzia. Da sind wenigstens ein paar Mädels dabei. In ihrer Stammkneipe machen die Polizisten nur ganz selten eine Razzia, weil dort alles in Ordnung ist. Sonst wäre es ja nicht ihre Stammkneipe.

Rechtsanwälte

Störende Zeitgenossen, die die einwandfreie Ermittlungstätigkeit der Polizei immer wieder mit nervenden Anträgen und dummen Zwischenfragen stören und als Gipfel der Unverschämtheiten vor Gericht auch noch anzweifeln. Ständig nörgeln sie an Kleinigkeiten herum und sind immer von der Unschuld ihres Mandanten überzeugt. Richtig gebraucht werden sie eigentlich nur, wenn irgendwelche Querulanten die Polizisten angezeigt haben und vor Gericht bringen. Aber dann versagen sie meistens.

Radarfallen

Richard

Richard Rückhaltegriff, sehr schmerzhaft und genauso wirkungsvoll. Gibt dem „Störer“ genau zwei Möglichkeiten: Aufgeben oder in Ohnmacht fallen!

Rückenschmerzen Typische Polizistenkrankheit mit allerdings höchst unterschiedlichen Ursachen. Meistens holt man sie sich bei der Verbrecherjagd. Klettern über Zäune, Springen von Dächern und anschließendes Raufen mit widerspenstigen Ganoven hebeln schon mal die Wirbelsäule aus. Aber auch jahrelanges Streifefahren oder Sitzen am Schreibtisch, ganz zu schweigen von der Arbeit am Computerbildschirm, zehren an der aufrechten Haltung. Manchen Polizeiführern tut aber auch der Rücken weh, weil das Rückgrat fehlt.

S

Schaulustige Menschen mit eindeutig erkennbaren geistigen Defekten, die mit ihrer Neugierde am Unglücks- oder Unfallort den bereits eingetretenen Schaden noch vergrößern. Als gaffende Autofahrer verursachen sie auf der Autobahn nach einem Verkehrsunfall sogar auf der Gegenfahrbahn riesige Staus. Echt beknackt, diese Typen.

Schimanski, Horst Als Kripo-Hauptkommissar cleverer Tatort-Star aus Duisburg mit Schlägermanieren und Ruhrpottschnauze. Echte Kriminalbeamte sind stets pflichtgemäß empört und wünschen sich in Wahrheit nichts sehnlicher, als einmal Schimanski zu sein!

Schlachtfest Allwöchentliches, völlig blutleeres Ritual in nahezu jedem Kriminalkommissariat. Die vielen Vorgänge, bei denen absolut nichts ermittelt werden kann, müssen an die Staatsanwaltschaft gesandt (abverfügt) werden. Dazu erhalten sie einen „Flattermann“ (siehe dort), und ab geht die Post. Diese Vorgänge sind dann „geschlachtet“. Von der Staatsanwaltschaft werden solche geschlachteten Vorgänge schließlich eingestellt und abgelegt. Das soll Bürokratie sein, sagen Sie? Scheißzivilisten, keine Ahnung von Kriminalitätsbekämpfung!

Schlägerei

Derbe, aber in vielen Städten durchaus nicht unübliche Form der Wirtshauskommunikation. Die Polizei kommt meistens zu spät, hat aber immer einen Schuldigen: Wer liegenbleibt, wird aufgeschreibt!

Schreibtisch

Wer ein solches Teil errungen, mische seinen Jubel ein! Egal wie niedrig der Dienstgrad, wer bei der Polizei einen Schreibtisch sein eigen nennen darf, besitzt eines der wichtigsten Statussymbole seines Berufstandes. Darüber kommt nur noch eigenes Büro, Vorzimmer mit Dame und dann Teppichboden. Fahrer und Dienstwagen ist nicht so wichtig, hat jeder Streifenführer.

Schutzbereichs-/ Polizeiinspektionsleiter

Beamter des höheren Dienstes. Obwohl Herr über bis zu 250 Polizisten, ist er trotzdem der einsamste Mann in seinem Bezirk. Die wirklich wichtigen Dinge darf er gar nicht selbst erledigen, die gibt er nur „nach oben“ weiter. Die anderen Sachen bearbeiten die Untergebenen selbst. Als Ausgleich für die Langeweile wird er gut bezahlt.

Schutzersuchen

Weitgefaßte Bezeichnung eines polizeilichen Einsatzes, meist anläßlich von Privatknatsch. Kann aber alles sein, von Auskunfterteilen bis Mörderfangen.

Schutzpolizei

Will sich gern als die einzig richtige Polizei verstanden wissen und funktioniert tatsächlich anders, als im Fernsehen gezeigt: Kein Schutzpolizist kocht für die Kripo Kaffee oder schleppt

Schreibtisch
1

Akten herbei, auch wenn die das gerne hätte. Dafür sind die „Männer von S“ immer eher am Tatort als „die Herren von K“.

Schutzpolizistinnen Ehrgeizige Hochposten der Frauenbewegung in der uralten Männerdomäne Polizei. In Zivil sehen sie manchmal wie Frauen aus. Sie gelten als Produkt emanzipationswütiger Politiker, die noch vor wenigen Jahren Polizeianwärter für „einen typisch männlichen Beruf“ suchten, heute aber die „Eva in Uniform“ für die Erfindung des Jahrhunderts halten. Die meisten Ehefrauen der Polizisten sehen's mit Gelassenheit, aber einige sind sehr mißtrauisch und eifersüchtig. Die kennen ihre Männer.

Schwarze Sheriffs Die Privatpolizisten sind den „Profis“ natürlich ein Dorn im Auge, schon weil sie mit rund 250.000 Mann längst in der Überzahl sind. Normalerweise sind sie viel besser bezahlt und auch raffinierter ausgerüstet als ihre beamteten Mitstreiter. Von Polizeiarbeit haben sie keine Ahnung, aber das sieht man ihnen nicht an, im Gegenteil. Ihre Uniformen können sich nämlich sehen lassen, auch das unterscheidet sie von der „richtigen“ Polizei!

Sesselkommissare Dummschwätzer, die vom heimischen Wohnzimmer aus die Arbeit der Polizei kommentieren und es natürlich besser gemacht hätten. Sie wären selbst mit härtesten Ganoven und gewalttätigen Demonstranten ruck, zuck fertiggeworden, obwohl sie meistens lediglich mit Bierflasche und Chipstüte bewaffnet sind. Es gibt aber auch Exemplare, die dummes Zeug daherreden und dabei graue Anzüge tragen. Die nennt man Politiker.

Sicherheitspolitiker Unglaubliche Wesen, für die kein anderer Ausschuß mehr frei war und die von der jeweiligen Fraktion zu „Experten“

Sicherheitspolitiker

bestimmt wurden. Obwohl von keinerlei Sachkenntnis getrübt, haben Sicherheitspolitiker eigentlich schon immer alles vorher gewußt. Sie melden sich mit wichtiger Miene vor allem dann zu Wort, wenn es im Bereich der inneren Sicherheit mal wieder zu Pannen gekommen ist. Dabei sind die Rollen streng verteilt: Die Opposition macht die Regierung verantwortlich, und diese kennt längst die Schuldigen: Die Polizei!

Sicht- und Arbeitsvermerke

Ob man ein Schriftstück bearbeitet oder es einfach nur sieht, ein Zeichen muß drauf. Der Phantasie sind dabei keine Grenzen gesetzt, den Farben schon. Ein Polizeipräsident zum Beispiel darf nur mit einem roten Filzstift markieren, sein Vertreter nur mit einem grünen. Abteilungsleiter zeichnen mit braunem Malstift ab und sein Kollege aus der unteren Ebene mit lila (Quelle: Ministerialblatt Nr. 64 aus NRW). Mit blau darf jeder malen soviel er will. Natürlich muß jeder die Farben unterscheiden können. Deshalb dürfen Polizisten auch nicht farbenblind sein.

Sockenfarbe

Beliebter und häufigster Anschißgrund bei der Polizei, wenn falsch gewählt. Es gibt Vorgesetzte, die haben keine anderen Probleme, als sich genau darum zu kümmern und angesichts weißer Socken bei Uniformträgern zur Höchstform ihrer Führungskunst aufzulaufen. Dabei gibt es bei der Polizei entschieden zuwenig Modebewußtsein, dafür aber entschieden zuviel Vorgesetzte.

Sonderrechte

Äußerst sinnvolle Vorschrift, die die Polizei von den Regeln des Straßenverkehrs befreit. Sie erlaubt es den Polizisten, den Dienstwagen auch mal im Halteverbot abzustellen, die Fußgängerstraßen zu befahren oder schneller als normal durch die Stadt zu hetzen. Selbstverständlich werden Sonderrechte nur in Anspruch genommen, wenn dies zur Wahrnehmung der dienstlichen Pflichten unerläßlich ist. Zu denen gehören auch private

Sockenfarbe

Sparmaßnahmen

Banktermine, Einkaufsverpflichtungen oder Schaufensterbummel. Polizisten sind eben immer im Dienst.

Sonderurlaub

Befreiung von den alltäglichen Dienstpflichten zur Teilnahme an Fortbildungsveranstaltungen des Dienstherrn oder der Berufsverbände. Sonderurlaub wird auch von Gewerkschaftsfunktionären gern in Anspruch genommen, die in unermüdlichem Einsatz den Politikern höhere Gehälter und mehr Planstellen abtrotzen. Zu Seminaren fahren Polizisten gerne. Prüfungen gibt es nicht, dafür viel Unterhaltung und geistreiche Beiträge. Himbeergeist und so.

Sozialarbeiter

Arbeitslose Sozialpädagogen, für die die Arbeitsbeschaffungsmaßnahmen erfunden wurden und die sich nun von einem Projekt zum nächsten hangeln, bis sie dann in irgendeiner Amtsstube des Jugendamtes landen.
Mit der Polizei leben sie ständig auf Kriegsfuß, weil die schließlich für nichts Verständnis hat, weder für die schlechte Kindheit, noch für strenge Lehrer oder konservative Väter, die ja irgendwann jeden in die Kriminalität treiben. Mit dieser Leier pauken sie vor Gericht in ihren „Gutachten" auch hoffnungslose Fälle heraus.

Sparmaßnahmen

Folterinstrument der Politiker, das auch die Polizei nicht ungeschoren läßt. Aufgehetzt durch bescheuerte Funktionäre des Steuerzahlerbundes schnüffeln Kommissionen in den Büros umher und suchen nach überflüssigen Planstellen oder Verschwendungen von Steuergeldern. Beförderungssperren und Haushaltskürzungen versetzen die Polizisten anschließend wie jeden anständigen Beamten in Panik und Entsetzen. Die Heinis vom Steuerzahlerbund wissen überhaupt nicht, was sie dem Rest der Bürger antun, denn eine gebeutelte Polizei kann sehr ungemütlich werden!

Spezialeinsatzkommando (SEK)
Maskiert kämpfende Truppe der Länderpolizei, die nur durch eines aus der Fassung zu bringen ist: Eine offene Tür, die man nicht aufsprengen oder einrammen muß.

Spurenvernichtungskommando
Trottelige Wichtigtuer, die am Tatort neugierig herumstampfen, echte Spuren zerstören und falsche legen. Exemplare in allen Dienstgraden und allen Abteilungen vertreten.

Statistik
Mit Zahlen und Grafiken untermauertes Lügengebilde, mit dem je nach Interessenlage Erfolg oder Mißerfolg polizeilicher Arbeit dokumentiert werden soll. Glaube keiner Statistik, die du nicht selbst gefälscht hast!

Stau aus dem Nichts
Kein Unfall, keine Baustelle – und trotzdem kilometerlanger Stau. Hervorgerufen durch hektische Bremsmanöver nach zu dichtem Auffahren. Verursacher sind nie zu kriegen, müßten aber sofort aus dem Verkehr gezogen werden.

Stellenausschreibung
Öffentliche Veralberung der Polizisten, wenn eine höhere Planstelle zu vergeben ist, deren Besetzung eigentlich immer schon lange geklärt ist. Sie ist eben in vielen Fällen vorgeschrieben (Formsache). Dieses Ritual ist auch bei der Vergabe öffentlicher Aufträge sehr beliebt, deren Ergebnis längst im Séparée einer Nachtbar festgelegt wurde.

Sterne auf Schulterklappen
Gibt es nicht mehr in allen Bundesländern. In Hessen zum Beispiel muß man raten, wen man vor sich hat (aber dafür haben die ja Namensschilder!). Woanders ist alles ganz einfach: Grüne Sterne für die Polizeimeister, -obermeister, -hauptmeister, silberne für die Kommissare, Ober- und Hauptkommissare, und Gold gibt's für Polizeiräte und -direktoren. Aber es ist nicht alles Gold, was glänzt.

Statistik

SIE SEHEN HIER DEN ZUSAMMENHANG UNSERER GEHALTSERHÖHUNG MIT DER HÄUFIGKEIT VON VER-BRECHEN...
GEHALT
VERBRECHENSHÄUFIGKEIT

Streifenwagen Er ist sinnbildlicher Ausdruck der Macht; er ist der schützende Panzer, der die allzu aufdringliche Öffentlichkeit fernhält. Wenn er in schönen Parkanlagen steht und Polizisten mit geschlossenen Augen in ihm ruhen, findet dort keinesfalls eine Pause statt, die Beamten denken angestrengt über die Sicherheitslage nach und konzentrieren sich auf ihre Dienstpflichten. Nicht ansprechen! Regelmäßig fliegt der Streifenwagen mit hoher Geschwindigkeit durch unsere Straßen, mit oder ohne Blaulicht, das ist egal. Er bringt die Ordnungshüter dann möglichst schnell an den Ort des Verbrechens. Vielleicht haben sie aber auch nur warmes Essen an Bord.

Sturmhaube Feuerfeste Maskerade der SEK-Kämpfer. Tragen sie auch, wenn gar kein Wind weht.

T

Telefon Auch von der Polizei benötigtes Verständigungsinstrument. Während die Gegenseite bereits im D2-Netz mobil kommuniziert, malträtiert die Polizei noch immer antiquierte Wählscheiben und dokumentiert so anschaulich das wahre Politikerinteresse an erfolgreicher Verbrecherjagd.

Teppichetage Nur dem Polizeipräsidenten, seinem Vertreter und den Abteilungsleitern steht nach den „Richtlinien für die Ausstattung von Diensträumen“ ein Teppichboden zu. Auf ihrer Etage ist es folglich immer sehr leise, Stabsoffiziere „schweben“ über die Flure. Manche Inspektionsleiter haben für ihr Büro schon mal zur Probe einen Teppich von zu Hause mitgebracht – man weiß ja nie!

Streifenwagen

Tonfa	Asiatisches Kampfgerät, auch „Abräumstock“ genannt. Angeblich Wunderwaffe und unverzichtbar für die Polizei, weil vielseitig verwendbar. Setzt intensive Ausbildung und Training voraus, deshalb werden sich die Polizisten die schlimmsten Verletzungen selbst beifügen.
Tonne	Polizeigewahrsam. Hier werden kurzfristig alle die untergebracht, die eine Weile aus dem Verkehr gezogen werden müssen. Für besonders festnahmefreudige Polizisten gilt: Nur in der Tonne scheint die Sonne!
Toter Vogel	So wird bei der Kripo eine Anzeige bezeichnet, bei der es absolut nichts zu ermitteln gibt. Kein einziger Anhaltspunkt für Täterhinweise, keine Spuren, keine Zeugenaussagen. Dieser Vorgang wird dem „Beamtendreikampf“ unterzogen (Knicken, Lochen, Abheften), einige Zeit später kommt dann ein Flattermann (siehe dort) dran, und weg ist er – sowohl der Täter als auch der Vorgang.
Toyota	Polizisten, denen es bis zum 50. Lebensjahr noch immer nicht gelungen ist, mit Hilfe von Prüfungen und Lehrgängen in den gehobenen Dienst aufzusteigen (Kommissarlaufbahn), werden in einigen Bundesländern jetzt prüfungsfrei befördert und zum Polizeioberkommissar ernannt. Man nennt sie Toyotakommissare. Motto: Nichts ist unmööööglich!
Trachtengruppe	Tatort-Schmuddelkommissar Schimanski über die uniformierte Schutzpolizei.
Two-Bang	Ablenk-Sprengkörper, den die SEK-Spezialisten einsetzen, um beispielsweise Geiselnehmer erst zu erschrecken und dann zu überrumpeln. Knallt zweimal, deshalb „Two-Bang“. Gilt auch als Englisch-Aufnahmetest für das SEK und MEK.

Tonne

Unfallskizze

U

Unfall mit Streifenwagen

Sehr seltenes plötzliches Ereignis im Straßenverkehr, das eigentlich nur zwei Ursachen kennt: Den dusseligen Autofahrer, der nicht erkannt hat, daß die Polizei auf einer Einsatzfahrt war und daß er gefälligst Platz zu machen hat, oder den großen schwarzen Hund, der einfach auf die Fahrbahn lief und direkt nach dem Crash vom Unfallort flüchtete. Dieser Hund taucht immer wieder vor Polizeiautos auf.

Unfallskizze

Zeichnerische Dokumentation des Verkehrsunfallgeschehens, die normalerweise von den Beteiligten nicht sofort als solche identifiziert werden kann, weil sie nur begrenzt die Phantasie der Polizisten aufbringen können. Mit altertümlichen Schablonen und Buntstiften versuchen verzweifelte Beamte, das Geschehen nachträglich aufzumalen, um sie dann den Anwälten, Richtern und Staatsanwälten zum Zerreißen vorzuwerfen.

Uniform

Sie wird auch Dienstbekleidung genannt, das macht sie aber weder schöner noch praktischer. In den vergangenen Jahrzehnten wurde die Uniform immer wieder verändert, teilweise komplett neu gestaltet. Bis vor einigen Jahren trugen die einzelnen Länderpolizeien noch unterschiedliche Uniformen, jetzt ist alles einheitlich (schlecht). Deutsche Schutzpolizisten gelten als die am schlechtesten angezogenen Ordnungshüter in der ganzen Welt. Sogar kleine Bananenrepubliken leisten sich schick gekleidete Polizisten, während hierzulande Modeschöpfer die Uniformträger bis zur Unkenntlichkeit verunziert haben. Die Frauen leiden besonders. Ihre Uniformen sollen sie ganz offensichtlicht vor Annäherungsversuchen schützen. Unter ihrer Uniform sehen alle Polizisten eigentlich wie ganz normale Menschen aus.

Urlaub	Bezahlte Unterbrechung der dienstlichen Erholung, deren Länge sich nach dem Lebensalter des Polizisten richtet. Da die älteren Schutzleute in der Regel auch die höheren Dienstgrade haben, gilt: Wer schon weniger arbeitet, kann auch länger im Urlaub bleiben. Das ist auch deshalb sehr sinnvoll, weil sich die niedrigen Dienstgrade lange und teure Urlaubsreisen ohnehin nicht leisten können.

V

Verkehrs-beeinflussungsanlage (VBA	Hochkomplizierte technische Einrichtung an gefährlichen Autobahnabschnitten, die auf Veränderungen der Witterung oder der Verkehrslage automatisch reagiert und den Autofahrern entsprechende Weisungen – z.B. Geschwindigkeitsbegrenzungen bei Nebel – erteilt. Was noch fehlt, ist ein automatischer Greifarm, der alle Verrückten hinterm Steuer automatisch „herausfischt“. Der hätte auf jeden Fall eine Menge Arbeit.
Verkehrsbehinderung	Jegliche Form der Störung polizeilichen Sexuallebens.
Verkehrsdienst (VD)	Die von Berufskraftfahrern meistgeliebte Abteilung. Hier kennt man sich nicht nur im Umgang mit Radar aus, sondern weiß auch eine Menge über Gefahrgüter, Sozialvorschriften und den ganzen anderen komplizierten Gesetzeskram. Mancher Schulbus- oder Tankzugführer mag den gemeinen Polizisten an der Nase herumführen, hier beißt er sich die Zähne aus.
Verkehrserziehung	Verkehr mit Erzieherinnen.
Verkehrskontrolle	Behinderung des freien Verkehrsflusses durch uniformierte Polizisten zum Zwecke der Ermittlung wichtiger polizeilicher

Verkehrskontrolle

Vernehmung

Erkenntnisse: Wieviel PS hat der geile BMW – Wie alt ist die dralle Blondine am Steuer – Ist der Kerl daneben wirklich ihr Ehemann?

Verkehrsleere Zeit zwischen zwei Seitensprüngen.

Verkehrslehre Verkehr mit Lehrerinnen.

Verkehrsregelung Sportliche Übungen verzweifelter Ordnungshüter, die im Gewühl der Blechkisten um das letzte Restchen Autorität kämpfen und schon so manchen Unfall produziert haben. In bundesdeutschen Fahrschulen wird lediglich vermittelt, wie man auf Urwaldstraßen zu fahren hat, anders ist die Begriffsstutzigkeit unserer Autofahrer angesichts verkehrsregelnder Polizisten nicht zu erklären. Möglich ist aber auch, daß so mancher Schutzmann die Zeichen verlernt hat.

Verkehrsunfall Ungewolltes Zusammentreffen mehrerer Verkehrsteilnehmer zur selben Zeit am selben Ort. In der Regel ist die Schuldfrage leicht zu klären: Der jeweils andere war viel zu schnell!

Vernehmung Märchenstunde für Beschuldigte, Pflichtübung für die Polizei. Die Wahrheit kennen die Polizisten meistens schon vorher. Hinterher weiß sie niemand mehr.

Verwarnungsgelder Erhebt die Polizei nicht zum Spaß, auch wenn es manchmal so aussieht. Verwarnungsgelder dienen der Verkehrssicherheit und nicht dazu, die Staatskassen zu füllen. Deshalb passieren auch immer mehr Verkehrsunfälle, und die Polizei kassiert immer mehr Verwarnungsgelder, und so weiter, usw.

Das ist unlogisch, sagen Sie? Typisch Verkehrsteilnehmer, uneinsichtig und frech wie immer.

Verweis	Harte Disziplinarstrafe. Dafür muß ein Polizist schon richtig was anstellen. Bedeutet zuweilen deutlichen Karriereknick.
Visitenkarten	Verpackte Namensschilder, die laut Vorschrift von allen Polizisten mitgeführt werden müssen, um sie zornigen Bügern auszuhändigen, die sich über die Polizei beschweren wollen. In keiner Vorschrift steht übrigens, daß auf der Visitenkarte nicht der Name des Polizeipräsidenten oder Dienststellenleiters stehen darf. Die oft geforderte Dienstnummer des einzelnen Beamten gibt es nur im Film. Aber man kann durchaus die eigene Kontonummer angeben.
Vorermittlungsführer	Er ist der Spürhund des Polizeipräsidenten und muß herausfinden, was ein Polizist angestellt hat (siehe auch Disziplinarverfahren). Häufig bestätigt sein Ermittlungsergebnis einfach die Vermutung des Behördenleiters, denn sonst hätte der ja falsch gelegen mit seiner Vermutung. Und das geht schließlich nicht.
Vorgesetzte	Bei der Polizei geht alles ganz zwanglos nach Dienstgrad. Der Oberkommissar ist der Vorgesetzte vom Kommissar, der Hauptkommissar der Vorgesetzte vom Oberkommissar usw. So kommt man nicht durcheinander, und alles hat seine Ordnung. Vorgesetzte sind sehr beliebt – meistens aber nur bei sich selbst – doch das reicht ihnen, denn sie sind genügsame Wesen. Und außerdem will ja jeder Polizist gerne Vorgesetzter werden. Das schafft er mit „Eignung, Leistung und Befähigung", so steht es in den Beamtengesetzen. Was das im einzelnen ist? Das bestimmen die Vorgesetzten!
Vorschuß	Zinsloser Kredit des Dienstherrn für die zahlreichen Schicksalsschläge im Leben eines Polizisten, wie z.B. Eheschließung oder Scheidung. Muß aber jeweils getrennt beantragt werden.

Verweis

W

Wachpolizei Berlin

Die „grauen Mäuse" der Berliner Polizei. Bewaffnete Angestellte, die seit 1947 wichtige Objekte der Hauptstadt, wie z.B. Botschaften oder Senatsgebäude, beschützen. Ausbildungsdauer: 8 Wochen.

Wachtmeister

Wachtmeister gibt's nicht mehr, dieser Dienstgrad wurde bereits in den 70er Jahren abgeschafft und durch „Polizeianwärter" ersetzt. Ebenfalls gestrichen wurden: Polizeioberwachtmeister und -hauptwachtmeister. Niedrigster Dienstgrad heute: Polizeimeister.

Wanne

So nennt die Berliner Szene die Gruppentransportfahrzeuge der Bereitschaftspolizei.

Wanninger

Wer in jungen Polizistenjahren den Kommissarlehrgang nicht gemacht hat, bekam später (meistens jenseits des 40. Lebensjahres) eine zweite Chance. Mit einem Kurzlehrgang erreichten diese Nachzügler die Fähigkeit, silberne Sterne auf ihre Schultern zu heften. Ihre Arbeitsmethoden waren mitunter weniger geschliffen als die der „richtigen" Kommissare. „Die seltsamen Methoden des Franz-Josef Wanninger", eine bekannte Fernsehserie, gab diesen Aufsteigern ihren treffenden Namen.

Warnung

Strafe im Diszplinarverfahren. Dieser drohende Fingerzeig des Polizeipräsidenten wird in die Personalakte eingetragen und erst nach Jahren wieder gelöscht.

Wechseldienst

Eine vom polizeilichen Einstellungsberater gern verschwiegende Form des Polizeidienstes, die nicht nur Nachteile hat. Während des Nachtdienstes beispielsweise braucht man nachts nicht zu schlafen und tagsüber nicht zu arbeiten. Ist doch schon

Wanne

was. Wechseldienst ist nicht ganz so angenehm wie Hubschrauberfliegen oder Porschefahren, kommt dafür aber um so öfter vor und bringt reichlich DUZ (siehe dort).

Weiße Mäuse In Berlin heißen alle Polizeikradfahrer so, woanders nur die Eskortenfahrer bei Staatsempfängen.

Weyerlinge Als gegen Ende der 60er Jahre Polizeibewerber knapp wurden, begann NRW-Innenminister Willi Weyer damit, ältere Bewerber zum Polizeidienst zuzulassen, die meistens auf zahlreiche Berufsjahre außerhalb der Polizei zurückblicken konnten. Diesem Beispiel folgten auch andere Bundesländer. Auch Baden-Württemberg stellte ein „Krampfader-Geschwader“ auf.

Z

zapfen Blutprobenentnahme bei betrunkenen Kraftfahrern. Ist allen Beteiligten wirklich sehr unangenehm – außer dem Arzt und den Polizisten natürlich.

---

zehnmal „A“ Die „zehn A's“, beliebtes und bekanntes Führungsinstrument höherer Polizeiführer: **A**lle **A**rbeit **a**nnehmen, **a**uf **a**ndere **a**bwälzen, **a**nschließend **a**nscheißen, **a**ber **a**nständig!

Zeitungsberichte Wenn die Polizisten nach aufsehenerregenden Einsätzen nichts davon in der Zeitung lesen, ist das ganz natürlich. Sie haben den Zeitungsbericht zwar gesehen, „ihren“ Einsatz aber nicht wiedererkannt. Das schafft nur ein wirklich guter Pressesprecher.

Zentrale Hier laufen die Fäden zusammen und werden so lange miteinander verbunden, bis niemand mehr durchblickt. Dieses Knäuel

zapfen

nennt man dann Einsatzleitung. Einsätze der Polizei gelingen eigentlich immer, denn das kann befohlen werden.

Zulagen Im übrigen öffentlichen Dienst übliche regelmäßige Aufbesserung der monatlichen Bezüge über das Grundgehalt hinaus. Gibt es bei der Polizei überhaupt nicht, zumindest kann sich der Autor nicht entsinnen.

---

zweigeteilte Laufbahn Zur Zeit gibt es die mittlere (grüne Sterne), gehobene (silberne Sterne) und höhere (goldene Sterne) Beamtenlaufbahn der Polizei. Arbeiten tun eigentlich nur die Polizisten mit den grünen Sternen, das sind die Indianer. Die anderen führen, lenken und leiten nur, das sind die Häuptlinge. Jetzt sollen auch alle Indianer Kommissar werden. Manche glauben, dann gibt es nur noch Häuptlinge, und keine Sau arbeitet mehr. Aber keiner glaubt, daß das jemand merkt.

„Zwanzig Mark oder 20.00 Uhr!“ Gutgemeinter Amnestieversuch für attraktive Autofahrerinnen, die zu schnell waren. Klappt aber nicht immer.

ISBN 3-8231-0564-7

ISBN 3-8231-0135-8

ISBN 3-8231-0543-4

ISBN 3-8231-0126-9

ISBN 3-8231-0176-5

ISBN 3-8231-0166-8

ISBN 3-8231-0084-X

ISBN 3-8231-0139-0

Fröh·li·che Wör·ter·bü·cher von A–Z

ISBN 3-8231-0082-3

ISBN 3-8231-0189-7

ISBN 3-8231-0116-1

ISBN 3-8231-1003-9

ISBN 3-8231-1002-0

ISBN 3-8231-0105-6

ISBN 3-8231-0138-2

ISBN 3-8231-1006-3

ISBN 3-8231-0096-3

ISBN 3-8231-0070-X

ISBN 3-8231-0095-5

ISBN 3-8231-0110-2

ISBN 3-8231-0081-5

ISBN 3-8231-0069-6

ISBN 3-8231-0162-5

Jeder Band hat 96 Seiten mit 46 Karikaturen.
Format: 20,7 x 21 cm.
DM 19,80 / öS 148,– / sFr 19,80

ISBN 3-8231-0101-3

ISBN 3-8231-0190-0

ISBN 3-8231-0565-5

ISBN 3-8231-0120-X

ISBN 3-8231-0060-2

ISBN 3-8231-0137-4

ISBN 3-8231-0534-5

ISBN 3-8231-0121-8

ISBN 3-8231-0152-8

ISBN 3-8231-0157-9

ISBN 3-8231-0144-7

ISBN 3-8231-0079-3

ISBN 3-8231-0080-7

ISBN 3-8231-0114-5

ISBN 3-8231-0068-8

ISBN 3-8231-0113-7

ISBN 3-8231-0541-8

ISBN 3-8231-0544-2

ISBN 3-8231-1004-7

ISBN 3-8231-1005-5

ISBN 3-8231-1007-1

ISBN 3-8231-0107-2

ISBN 3-8231-0128-5

ISBN 3-8231-0191-9

ISBN 3-8231-0067-X

ISBN 3-8231-0112-9

ISBN 3-8231-0086-6

ISBN 3-8231-0078-5

ISBN 3-8231-0542-6

ISBN 3-8231-0149-8

Fröh·li·che Wör·ter·bü·cher von A–Z

ISBN 3-8231-0548-5

ISBN 3-8231-0546-9

ISBN 3-8231-0147-1

Jeder Band hat
96 Seiten mit
46 Karikaturen.
Format:
20,7 x 21 cm.
DM 19,80 / öS 148,– /
sFr 19,80

ISBN 3-8231-0167-6

ISBN 3-8231-1000-4

ISBN 3-8231-0077-7

ISBN 3-8231-0540-X

ISBN 3-8231-0088-2

ISBN 3-8231-0129-3

ISBN 3-8231-0143-9

ISBN 3-8231-0098-X

ISBN 3-8231-0168-4

ISBN 3-8231-0119-6

ISBN 3-8231-0123-4

ISBN 3-8231-0134-X

ISBN 3-8231-0650-3

ISBN 3-8231-0163-3

ISBN 3-8231-1008-X

ISBN 3-8231-0192-7

ISBN 3-8231-0076-9

ISBN 3-8231-0193-5

ISBN 3-8231-0164-1

Jeder Band hat 96 Seiten mit 46 Karikaturen.
Format: 20,7 x 21 cm.
DM 19,80 / öS 148,– / sFr 19,80

ISBN 3-8231-0170-6

ISBN 3-8231-0124-2

ISBN 3-8231-0539-6

ISBN 3-8231-0066-1

ISBN 3-8231-0140-4

ISBN 3-8231-0194-3

ISBN 3-8231-0538-8

ISBN 3-8231-0091-2

ISBN 3-8231-0185-4

ISBN 3-8231-0153-6

ISBN 3-8231-0117-X

ISBN 3-8231-0566-3

ISBN 3-8231-0558-2

ISBN 3-8231-0568-X

ISBN 3-8231-0171-4

ISBN 3-8231-0065-3

ISBN 3-8231-0097-1

ISBN 3-8231-0572-8

ISBN 3-8231-0156-0

Fröh·li·che Wör·ter·bü·cher von A–Z

ISBN 3-8231-1009-8

ISBN 3-8231-0109-9

ISBN 3-8231-0175-7

ISBN 3-8231-0064-5

ISBN 3-8231-0172-2

ISBN 3-8231-0567-1

ISBN 3-8231-0560-4

ISBN 3-8231-0535-3

ISBN 3-8231-0073-4

ISBN 3-8231-0174-9

ISBN 3-8231-0537-X

ISBN 3-8231-0111-0

ISBN 3-8231-0561-2

ISBN 3-8231-0559-0

ISBN 3-8231-0536-1

Jeder Band hat
96 Seiten mit
46 Karikaturen.
Format:
20,7 x 21 cm.
DM 19,80 / öS 148,– /
sFr 19,80

ISBN 3-8231-0184-6

ISBN 3-8231-0151-X

ISBN 3-8231-0130-7

ISBN 3-8231-0158-7

ISBN 3-8231-0125-0

ISBN 3-8231-0131-5

ISBN 3-8231-0530-2

ISBN 3-8231-0531-0

ISBN 3-8231-0141-2

ISBN 3-8231-0083-1

ISBN 3-8231-0150-1

ISBN 3-8231-0569-8

ISBN 3-8231-0145-5

ISBN 3-8231-0146-3

ISBN 3-8231-0115-3

ISBN 3-8231-0178-1

ISBN 3-8231-0118-8

ISBN 3-8231-1010-1

ISBN 3-8231-1011-X

ISBN 3-8231-0103-X